Andreas M. Schneider

Annäherung

Impressum

© 2019 Andreas M. Schneider

Kontaktadresse: as@intergga.ch

Herstellung und Verlag: BoD – Books on Demand, Norderstedt

ISBN: 9783735724045

The angels in the sky well each one they do cry
Well each one they do cry for you
The angels in the sky well each one watched you die
And each one they were sad and blue

God reserves a place a very special place
A very special place for you
The angels in the sky well each one watched you die
And each one they were sad and blue

(The Tiger Lillies, Over You)

Inhaltsverzeichnis

Überwinterung	6
Sänger	7
Und eines Tages stehst Du auf	8
Herr	10
Brel	12
Herbst ohne Hemd	15
Da sind Nächte	16
Angst, so gross wie Drachen	18
Frei gelöst von Erden Dingen	19
Morgenlicht	20
Abschied	21
In manchen Liedern	22
Augenblicke	23
Zerkratzter Lack	24
Ohne Dich	25
Kirsche und Nagel	26
Wünschte mir so du wärst hier	28
Worte im Wandel der Zeit	30
Wer war es	31
Mal wieder unten	32
Statt dessen	33
Schwimmkurs	34
Das muss es gewesen sein	35
Alleine	37
Gestohlene Jahre	38
Hör zu, geh nicht	39
Schon wieder	40
Einmal noch	41
Angst	43

Die übrig bleiben	45
Das Kind in mir	46
Albtraum	47
Du bist die Heimat	49
Der ich einmal war	51
Mag sein	52
Es prägt dein Leben	54
Abhanden	56
Dies Jahr	57
Und bin mir selber nie begegnet	58
Das Lied vom Beachten	60
Schau	62
Geier	63
Provence	64
Frauen an Säulen	65
Dort	66
Ich wollte etwas Leichtes schreiben	67
Und ich steh da	69
Weisst du noch	71
Lassen	74
Vielleicht	76
Ihr und ihm	78
Vertrauen	80
Wie früher	81
Du warst nicht mehr als	82
Antwort auf einen Brief	83
Verrechnet	85
Kind der Liebe	86
Harlekin	87
Hineni (Hommage à L. Cohen)	88
Gut möglich	89
Dementia	90

Überwinterung

Entblättert,
entwurzelt
so liegen wir
frierend,
gestapelt
In blechernen Kübeln

Gesäubert,
gereinigt
erwarten
geduldig,
in eisigen Kellern
den Frühling

Sänger

Eigentlich wollte ich Sänger werden
mit weissen Zähnen,
strahlend
Lieder von Anderen singen

Statt dessen sitz ich im Dunkel,
starre durch dicke Gläser
auf gequälte Worte
und warte auf die Flut

Und eines Tages stehst Du auf

Und eines Tages stehst du auf
blickst dich durch den Spiegel an
siehst die Mutter, siehst den Vater
vielleicht den lahmen Hund am Tor
dich selber, ahnst du, gibt es nicht,
was du für dich hieltst, kommt nicht vor

Und Du, mein ewig klares Auge
hast nie erwägt nicht hinzusehen
Die Bilder übermannten dich
bevor du lerntest zu verstehen
Heute fallen deine Lider
im Sehnen nichts mehr wahrzunehmen
satt von jenen alten Blicken
dem Endlos-Film aus Kummerszenen

Und Du, mein trocken wartend Mund
verpasst den Hunger einst zu stillen
Sprichst Worte, die du gar nicht meinst
erkennst beim Wollen fremden Willen
Heute beben deine Lippen
für Sätze, die nicht dir gehören
Nennst Wahrheit, was dir unrecht scheint
und würdest, was du sagst, beschwören

Und Du, mein ständig offen Ohr
verkannt den Weg dich zu verschliessen
Du ahntest nicht, dass Worte kleben
erst Same sind und später spriessen
Heute ist es so wie eh
noch immer hörst du gierig zu
Derweil du meinst dich abzugrenzen
entsteht im Kopf ein neues Du

Nur manchmal in der dunklen Nacht
wachst Du auf, vom Traum geplagt
erschrickst ob Bildern Deines Lebens
in denen etwas an dir nagt
Es ist die Mutter, ist der Vater
vielleicht der tote Hund am Tor
einverleibt bevor du wurdest
Du selber kommst in Dir nicht vor

Und eines Tages stehst Du auf
blickst dich durch den Spiegel an
siehst die Frau und siehst den Freund
die längst schon in dir eingezogen
Dich selber, ahnst du, gibt es nicht
entsetzt und traurig wird dir klar:
Du wurdest um dein Selbst betrogen

Herr

Hörst Du, Herr, denn nicht mein Flehen
siehst Du nicht wie tausend Fragen
stumm in meinem Auge stehen
und voll Wehmut leise klagen

Weshalb trag ich an mir so schwer
gelingts mir nicht mich loszulassen
du reichst mir hilfreich Hände her
die ungewollt daneben fassen

Wie kann ich mich von mir befrei'n
ohne, dass ich mich verlier
wie wird man härter, doch nicht Stein
Wie wird Genügsamkeit aus Gier

Die Schwermut klebt an meiner Seele
wie Harz an alter Bäume Rinde
wozu bloss, dass ich mich so quäle
und keine Heimat in mir finde

Sag wo fing mein Anfang an
Lebte ich nicht tausendfach?
ich war mir stets mein Untertan
der nie aus seinen Ketten brach

Hilf mir Herr mich abzuwenden
von Dunkelheit, die mich zerfrisst
zu dreh'n im Kreis, lass mich beenden
will spüren, dass du tragend bist

Herr ich bräuchte dein Erbarmen
ein Licht um Nähe klar zu sehen
zwischen starken Menschenarmen
kann man leicht vergessen gehen

Brel

Der alt gebleichte Bilderrahmen
hat versucht dich einzufangen
Im Quadrat und hinter Glas
Gefängnis ohne Gitterstangen

Was blieb zurück von plat pay**s**
der Weite, die im Nebel hängt
von Plattland bis nach Flandernland
vom Wind, der sich im Haar verfängt

le plat pays

So gern hätt' ich Marieke geseh'n
wo Flammen in den Himmel steigen,
und dass sie mir von dir erzählt
von Bruges in hellem Lichterreig'n

Marieke

Es fehlt auch heut an Zärtlichkeit
selbst Irland kennt noch immer Krieg
zuzuseh'n wie Freunde weinen
hat leidvoll manches Herz berührt

Voir un ami pleurer

Gegerbte Haut von See und Sonne
auf Wangen - leise eingefallen
Mund, umrahmt von sanften Lippen
aus dem mir deine Lieder hallen

Noch einmal ne me quitte pas
lass Regen aus dem Land der Dürre,
mir lindernd auf die Seele fallen
als helle Träne, wenn ich irre

ne me quitte pas

Ein Königreich für eine Nacht
mit Dir am Hafen Amsterdams
ertränkt im Suffe der Matrosen,
in Liedern ohne Reu und Scham

amsterdam

Ketten gegen Samt getauscht
die nächste Liebe kommt nicht mehr
Auch Sieger können weinend sein
und Blumen setzen sich zur Wehr

le prochain amour

Krähenfüsse um die Augen
Zeugen Deiner Lebenskraft
warum nur, spür ich dass Du frierst
und mir dein Abgang Leiden schafft

Es bleibt als Kleidung Deiner Seele,
Hoffnung, nach dem letzten Mahl
Vergass die Blumen aufzuwecken,
als letzter Gruss in mir die Qual

le dernier repas

Hände voll von Chrysathemen
Arriver kommt stets zu früh
Abschied, konntest Du nicht warten,
bis der Sommer ihn berührt

j'arrive

Oh Moribond, mein Frühlingstod
auf langer Reise zu den Blumen.
An jenes Tor führt mancher Weg,
bleibt manches Lied zu summen

le moribond

Herbst ohne Hemd

Du hättest zu dem werden können,
von dem ich glaubte,
dass man es nicht findet.

Doch im Herbst und ohne Hemd
wusste ich, dass du das bist,
was ich immer schon hatte.

Da sind Nächte

Da sind Nächte,
die sind zum Schlafen zu laut,
vom inneren Hämmern-
und dumpf der Stein
der deinen Atem staut
er droht dich zu ersticken

Da sind Nächte,
die sind zum Schlafen zu leise
von der inneren Leere
und die Ohnmacht der Stille
dich in lähmender Weise
zu ungewolltem Bleiben zwingt

Da sind Nächte,
die sind zum Schlafen zu schwarz
verlorene Unendlichkeit
und Sehnsüchte verkleben
die Poren zäh mit Harz
aus deiner Seelenrinde

Da sind Nächte,
die sind zum Schlafen zu hell
sommerschwere Schwüle
und Angst gegor'ner Schweiss
presst dir auf dein Rippenfell,
droht dich zu zerquetschen

Da sind Nächte,
die sind zum Schlafen zu wichtig
Irrgärten des Lebens
verlorene Schlachten,
sagen dir es war schon richtig
Fehler mehrmals zu begehen

Da sind Nächte,
die sind zum Schlafen zu wertlos
Duft kalter Erde
ein Abschied in Raten
ergeben suchst du Halt und Trost
gedenkst der Freunde auf dem Weg

Angst, so gross wie graue Drachen

Um die Wärme, die mir fehlt zu kriegen
bräucht ich Tausende von Sonnen,
könnt in den Armen ganzer Völker liegen
und säh mich doch im All zerronnen

Auch Hunderte von zarten Händen
streichelten die Furcht nicht fort
selbst Schmiegen nachts an manchen Lenden
hätt Wunden nur ins Fleisch gebohrt

Und schrie ich Worte in allen Sprachen
ich könnte, was ich will nicht sagen
Angst, so gross wie graue Drachen
hat weit von Euch mich weggetragen

Hinge der Himmel voll weisser Tauben
Friede in mir wäre kaum in Sicht
Die Zweifel durchfrassen den windigen Glauben,
wie Rost, an dem letztlich selbst Eisen zerbricht.

Frei gelöst von Erden Dingen

Auf dass dir helle Lichter scheinen
die ich aus Ehrfurcht dir bestellt
ein leiser Seufzer wird zum Weinen
er holt uns, wie es ihm gefällt

Auf dass dich deine Flügel tragen
die ich aus Tränen dir gemalt
kein Sinn dem Weg sich zu entsagen
die Zeche hast du längst bezahlt

Auf dass dich sanfte Engel führen
die ich aus Liebe dir genäht
will ewig deine Nähe spüren
und dass dich etwas in mir trägt

Auf dass dir helle Glocken klingen
die ich aus Demut dir erbat
Frei gelöst von Erden Dingen
Gehen ist des Kommens Saat

Auf dass dich warme Hände leiten
die ich in Trauer dir ersang
zu Ende nun das Vorbereiten
grosser Schritt, du bist getan

Morgenlicht

Von draussen
erstes Morgenlicht
bricht behutsam
durch das Fenster

Dein Körper
auf dem hellen Laken
wie Samt auf warmem Fels

Zu gehen
in der Dämmerung
trägt Schwermut
In mein Herz

Abschied

Das Hoffen lässt
den Körper beben
sich beugen
ein letztes Mal
vor dem Abschied

Deine Worte
lassen keinen Weg offen
bei jedem Atemzug
fällt eine Schranke mehr

Wenn du draussen bist,
stürzen sie ein über mir

Wenn du gehst
lässt du nichts zurück
selbst deinen Schatten
zu dem ich wurde
nimmst du mit

Tot sein
getragen von Licht
frei von Erwartung
so möchte ich dir
noch einmal begegnen

In manchen Liedern

In manchen Liedern find ich mich
gefoltert zwischen Zeilen
Angst in Verse eingezwängt
im Schmerz den Weg zu heilen

In manchen Liedern hör ich mich
als Geige fern im Hinterfeld
bin Atem hinter leerem Wort
wo Schwermut jeden Ton befällt

In manchen Liedern spür ich mich
als ungewollten Zwischenton
getragen durch der Stimmen Fluss
dem Ohr des Hörenden entfloh'n

In manchen Liedern treff ich mich
als Vers der immer wiederkehrt
bin Ouvertüre, Vorhangfall
und gleichsam Stille hinterher

In manchen Liedern find ich mich
in anderen nicht

Augenblicke

Als der Sommer Abschied nahm
vom Pier am Hafen in Triest
hast du in Furcht um Untergang
mich sanft an deine Brust gepresst

Und so für einen Augenblick
Vom Du und ich zum Wir gerückt

Der milde Herbst in Avignion
an alten Mauern lehnten wir
es klebt der Schatten deiner Hand
auf meiner Schulter, mir zur Zier

Und so für einen Augenblick
Vom Du und ich zum Wir gerückt

In Brighton dann den Winter lang
am Strand die Brandung, mein Exil
dein Haupt, vom Küstenwind gemalt,
das müde in den Schoss mir fiel

Und so für einen Augenblick
Vom Du und ich zum Wir gerückt

In Gordes, ein Frühling blütenreich
im Licht des Lebens Anbeginn
dein wild, vom Wind zersaustes Haar
kitzelte mein dürres Kinn

Und so für einen Augenblick
Vom Du und ich zum Wir gerückt

Zerkratzter Lack

Die Zeit hat unsern Lack zerkratzt
du hast mir manches Glück verpatzt
aus heisser Glut, da wurde Rauch
uns einst begehrt doch dann verbraucht

Obwohl vertraut auch fremd geworden
neigte keiner mehr zu überborden
dich wohl gehalten, doch verlor'n
vom Rosenstock blieb uns der Dorn

Was Hoffnung einst und Zukunft war
stellt als Gewohnheit heut sich dar
dein Körper, Quelle meiner Kraft
ist heute müd und fast erschlafft

Lust von einst und Zärtlichkeit
schützten uns vor Einsamkeit
heut find ich nachts oft keine Ruh
und du drehst mir den Rücken zu

Wir haben uns nichts vorgemacht
der Opfer Grenzen klar bedacht
Lust vergeht und Zeit heilt Wunden
nie war ich tiefer dir verbunden

Ohne Dich

Ein Leben ohne Dich
ist undenkbar geworden

Das Geräusch
des Schlüssels nachts
wiegt mehr
als die geschluckten Tränen

Die Gewohnheit hat sich
an unseren Tisch gesetzt
und entscheidet mit
über unsere unterlassenen Taten

Selbst die Angst
vor dem Allein sein
tönt lauter,
als die nie gesagten Worte

Kirsche und Nagel

Ich war ein wirklich braves Kind
die Angst, als Glocke über mir,
griff meinen winterbleichen Nacken
verschloss dem Atem jede Tür

Mit Scherben grosser Fensterscheiben
als Kind, versäumt sie einzuschlagen,
kleb ich Türen für mein Herz,
um Menschennähe zu ertragen

Ich war ein schrecklich braves Kind
zerstritt mich bestenfalls mit mir,
war Winnetou am Spiegelschrank
und Marterpfahl im Schulquartier

Des Nachbarn allzu süsse Kirschen
an Bäumen, die ich nie bestieg
verfaulen unter feuchten Kissen
zu lang mich mit mir selbst betrügt

Ich war ein stilles, braves Kind
stand immerzu daneben
den rar mir zugereichten Händen
verschenkte ich mein Leben

Aus Resten von zerfetzten Hosen
durch Nägel, die ich sorgsam mied
möcht' ich eine Schlinge näh'n
die mich zu Euch rüber zieht

Ich war ein dünnes, braves Kind
der Schatten unerkannter Pein
im Fussball blieb ich stets Ersatz
durfte nie ein Sieger sein

Das Lachen nach geglücktem Streich
der auszuhecken mir versagt
als Kraft im steten Lebenskampf
wär heute mehr denn je gefragt

Ich bin ein schrecklich feiger Mann
noch locken Fensterscheiben
und Kirschen, saftvoll, rufen mir
zu handeln, nicht zu schreiben

Wünschte mir so du wärst hier

In diesen engen Gassen
wo das Herbstlicht wie Fäden
zwischen Fenstern
hängt,
in welchen dicke Weiber
ihre drallen Körper
sonnen
sich lauthals empören,
wie der Sommer sie liess

Und ich wandle durch Gassen
in die Fäulnis verbannt
mein Exil hier im Süden
meine Träume, mein Tod
und ich wandle und wandle
und wünscht mir so
und wünschte mir so,
du wärst hier

Einsam stehen Gartenstühle
auf den leeren Plätzen,
die im Sommer
überquollen
von schweissgetränkten Massen
dürstend
nach dem einem Schluck
Italiens süssem Leben

Ich träum den Gondeln hinterher
die leis im Dunst entschwinden
Feucht meine Stiefel
meine Augen wohl auch
und ich träume und träume
und wünscht mir so
und wünschte mir so,
du wärst hier

Worte im Wandel der Zeit

WORTE
sanft und ausgewählt
was uns missfällt,
verdrängen wir

WORTE
schnell und unbedacht
was uns befällt,
erwähnen wir

WORTE
bissig und gesucht
was uns einfällt,
verwenden wir

WORTE
grausam und gewollt
was uns gefällt,
missbrauchen wir

WORTE
sparsam und banal
was uns noch quält,
verschweigen wir

WORTE
rar und allgemein
was uns enthält,
umgehen wir

WORTE
sanft und ausgewählt
was uns missfällt,
verschmerzen wir

Wer war es

Vater war's nicht
zwischen alten Fotos
und heute
bloss ein Loch
ohne Farbe und Licht

Mutter war's nicht
zu viele Tränen begossen
den Weg
und die Sonne schien mir selten hell

Bhagwan war's nicht
mit Holzketten
und Tanz
lässt sich Angst nicht töten
und Indien ist weit

Jesus war's nicht
mit so viel Leid
am Kreuz zu sterben
in Furcht
gedeiht Vertrauen nicht

Er war's nicht
zwanzig Jahre gewartet
auf Liebe, auf ihn
er muss erstickt sei
in Nähe und Last

Sag, wer war's?

Mal wieder unten

mal wieder
unten
ganz plötzlich träumend
von romantischem Tod,
geboren in Selbstmitleid
Bilder meiner Todesanzeige
und Leuten,
die im Regen stehen,
weinend,
den Wunsch
denen weh zu tun,
die am wenigsten schuld sind
daran,
dass ich nicht gelernt habe
zu leben
wie die Anderen,
ohne Angst
ohne Selbstzerstörung
Mal wieder ganz unten
tränenleer
mit dem Schimmer
der Hoffnung,
dass es weitergeht
im Fluss
des «Seins»,
dass es gut werden könnte,
und der nächste Tag
einen neuen,
glücklichen
Menschen
in mir gebärt

Statt dessen

Auf Einbahnstrassen
fest in der Schiene
Glück ist,
sich gleichsam
auf Abschriebe einigen
Dünn in der Kühle
der Mantel aus Liebe
was ewig sollt halten
von Motten durchsetzt
und bleibst du,
so nur
weil auch er bei dir blieb

Stattdessen
aus glühender Jungend
ein Körper, ein Lachen
und namenlos werden
sich einmal verschenken
dem Hunger, dem Fremden
erwachen, begreifen
den Zauber vom Glück
die Liebe du ahnst es
die Liebe ernährt sich
im Grunde
nur
vom Augenblick

Schwimmkurs

Gemeinsam
wollten wir
die Wogen des Lebens
durchschwimmen

Bloss
ich ging baden
und
du tauchtest unter

Das muss es gewesen sein …

Dein Lachen vielleicht
deine Grübchen im Kinn
der Schalk in den Augen
die sehnige Hand
das Grau Deiner Schläfen
am Finger der Ring
das Bild wie du schliefst
von der Sonne gebräunt
Vielleicht auch die Blumen
im Frühling am Rhein
das muss es
so denk ich
gewesen sein

Auch möglich die Kraft
deiner Sprache so klar
breit deine Gesten
voll Gabe zum Glück
die Art wie du gingst
mit dem wehenden Haar
spöttisch doch schüchtern
dein bübischer Blick
Vielleicht auch die Stunde
der süffige Wein
das muss es
so denk ich
gewesen sein

Kann sein die Umgebung
die Glut in den Lenden
dein Zweifel am Zufall
das Kribbeln im Bauch
der Hunger nach Körper
sich blind zu verschwenden
die Unschuld der Sehnsucht
dein Frieren wohl auch
Vielleicht nur der Abend
die quälende Pein
das muss es
so denk ich
gewesen sein

Die Ängste vielleicht
und feucht deine Hände
in der Tasche ihr Bild
ihre Stimme im Ohr
trocken die Lippen
dein Schweigen sprach Bände
die Lust kam abhanden
die Gewohnheit empor
Vielleicht auch die Kühle
das schwere Verzeih'n
das muss es
so denk ich
gewesen sein

Alleine

Alleine
esse ich im Stehen
meinen Teller selten leer
Alleine
will mir gar nichts munden
fällt mir selbst das Kauen schwer

Alleine
will die Nacht nicht enden
schlafe ich erst spät oft ein
Alleine
ist der Sommer kalt
das leere Bett ein Totenschrein

Alleine
sind die Wunder rar
das Glück wohnt immer nebenan
Alleine
bin ich Knecht der Angst
am Trittbrett meiner Lebensbahn

Alleine
hält mich niemand auf
verbrenne ich mich nicht am WIR
Alleine
bloss bin ich mir nah
Alleine
nur bin ich bei mir

Gestohlenen Jahre

Geboren werden einzig sein
Hoffnung tragen wichtig werden
Sich Mühe geben nicht genügen
Wege suchen sie enttäuschen,
denen wir die Jahre stahlen

Erwachsen werden Schmerz bereiten
Heimat finden wichtig scheinen
Anker werfen oben sein
Hoffnung leiten sie bezwingen,
denen wir die Jahre schenken

Älter werden viel belasten
Stille brauchen zänkisch sein
Schmerz erfahren auszuhalten
Zwischenlösung und enttäuscht,
wie sie uns die Jahre stahlen

Hör zu, geh nicht …

Hör zu,
geh nicht
ein letztes Wort
ein letztes Mal
dich halten

Ich weiss
ein Herz,
das nicht mehr liebt
legt sich still
in Falten

Komm her
bedenk
auch neue Glut
wird irgendwann
erkalten

Wenn Du
nur willst
so lösen wir
die Fäuste, die
sich ballten

Geh nicht
verletzt
kein wahres Glück
entspringt aus Träumen,
die gespalten

Schon wieder

Schon wieder
dieses Schweben,
die Himmel klaffen
über mir -
ausgehöhlt
und nichts gegeben,
mein Gott
wie oft war ich schon hier

Schon wieder
Grenzen überseh'n,
mein Herz geknickt
im Stacheldraht -
kniehoch
in den Fluten steh'n,
umspült
des Leidens mürbe Saat

Schon wieder
Heimat ausgeleert,
die jungen Äcker
liegen brach -
das «Nein»
ist in mich eingekehrt,
stellt
der Stille eilend nach

einmal noch …..

Nur einmal noch gemeinsam
auf schneeumwehten Wegen gehen
Spuren setzen
gültig bleiben
einmal noch an deiner Hand
ein Bad
im wilden Flockentreiben

Nur einmal noch gemeinsam
am Pier die müden Schiffe malen
Farbe träumen
Licht erfinden
einmal noch in deinem Blick
Ahnung
wie die Jahre schwinden

Nur einmal noch gemeinsam
mit süssem Wein die Nacht betrügen
lebendig sein
Unsterblichkeit
einmal noch aus deinem Mund
die Worte
Wunden heilt die Zeit

Nur einmal noch gemeinsam
in Zärtlichkeit die Angst ertränken
sich einig sein
wichtig scheinen
einmal noch ein letztes Mal
Hoffnung
vor dem langen Weinen

Nur einmal noch gemeinsam
dann
lasse ich dich los

Angst

Angst
bist Vater meiner Wege
bist der Schatten neben mir
und was ich sehne oder denke
wird zum Tun
im Arm von Dir

Angst
bist Mutter meines Atems
bist Gefängnis meiner Lust
und wenn ich fühle oder spüre
bist du Dolch
in meiner Brust

Angst
bist Bruder meiner Ziele
bist mein drittes, lahmes Bein
und wenn ich strebe oder fliehe
über Nacht
holst du mich ein

Angst bist Schwester meiner Wünsche
bist das fein getarnte Netz
und wenn ich träume oder hoffe
bist du Jäger
der mich hetzt

Angst
bist Muse meiner Lieder
bist was zwischen Zeilen klingt
und wenn ich schreibe oder suche
bist es du
die aus mir singt

die übrig bleiben ...

Wir, die übrig bleiben
bauen uns ein Zelt
aus Furcht
in der ewig klaren
Nacht,
auf Klippen
der Vergessenheit

In dieser, unser öden Zeit
verharren wir im
Finster
das Spiel, das keine Regel
kennt,
vertrösten wir
mit falschen Karten

Wir die draussen
uns nicht finden
erschlagen durch den Puls
der Stadt
im steten Sehnen
nährt uns bloss,
der Faden der Erinnerung

Das Kind in mir

Das Kind in mir
hält alles fest
gebrannt vom Abschied
hängt es sich
an das, was
sich nicht ändern lässt

Es schliesst die Augen
wenn es kann
dem Schmerz der Wahrheit
weicht es aus
und wer es drängt,
den klagt es an

Zu warten ist es
nicht bereit
es fordert, will
und wer nicht spurt,
den opfert es
dem Lauf der Zeit

das Kind in mir
ist weich zu sich
stark im Nehmen
wird ihm bald
wer ausgedient hat
hinderlich

Albtraum

Als Treibholz gestrandet
an magerem Ufer
es heulen Kojoten
zum Angriff bereit
nur Gräser bedecken
die blutenden Wunden
und Raben besiedeln
das Dunkel der Zeit

Im Fernen die Klänge
von Trommeln im Wald
es frisst sich wie Egel
der Sand durch die Haut
wie Flöten aus Bambus
klingt leise der Wind
ein gold glühend Auge
mich gierig beschaut

Feucht sind die Hände
mit Algen besetzt
Zwerge durchkämmen
den strähnigen Bart
hungrige Schlangen
aus düsteren Zweigen
stieren mich an
ohne Regung, erstarrt

Ein Himmel wie Teer
sendet Regen aus Eis
die heulende Meute
zum Greifen mir nah
ein Lichtstrahl durchbricht
meine bleiernen Lider
der Morgen, oh Wunder
der Morgen ist da

Du bist die Heimat   *(ein Liebeslied)*

Du bist
das Kloster in den Bergen
die Stille
die mich niederzwingt
bist Melodie
der Ewigkeit,
die aus Felsen
zu mir dringt

Du bist
die Brandung aller Meere
die Wellen,
die mich zu dir tragen
bist der Puls
in meinem Sein
des Lebens Antwort
auf mein Fragen

Du bist
die Heimat, lang ersehnt
die Ferne
die man kaum erreicht
bist jene Hand
aus tausend Händen
die der Meinen
nie entweicht

Du bist
der Weg, in dir das Ziel
der Pol
um den ich ewig kreise
bist Wanderstab
auf meinem Weg
Begleiter
meiner längsten Reise

... der ich einmal war

Bin nicht mehr, der ich einmal war
der Wind in allen Gassen
gesenkt der Sturm im Wasserglas
wer nach mir greift,
kriegt mich zu fassen

Hab nicht mehr, was mein eigen war
den Drang nach Mitte ewiglich
stumpf vom Streit, mein Dorn, das Wort
ein Stachel bleibt
der nicht mehr sticht

Will nicht mehr, was mir wichtig schien
die Welt lag immer schon in mir
geheilt vom viel zu schnell zu weit
was letztlich zählt
Ist längst schon hier

Tu nicht mehr, was es aus mir tat
das Wollen hemmt den Gang der Zeit
gebremst von unsichtbarer Hand
was nach mir ruft
- Ich bin bereit

Bin nicht mehr, der ich einmal war
der Funke, der die Glut erhielt
satt geworden, ausgebrannt,
zu hoch gelodert,
längst erkühlt

Mag sein

Mag sein das Dunkel mancher Tage
hat den Augen Glanz entzogen
und wenn ich lache, selten frei
fühl ich mich vom Schein betrogen

Mein Kinn wird spitzer immerzu
und die Worte kommen schwer
was wichtig war, verliert an Sinn
und nichts setzt sich dem Sog zur Wehr

Das Wissen macht dem Sehnen Platz
die Welt dreht weiter ohne mich
am Brunnen, den die Liebe füllt
bin ich Krug, der laufend bricht

Ein Bahnhof, meine greise Seele
hier treffen späte Züge ein
die Fracht, die abgestreiften Träume
werden über Nacht zu Stein

Die Stille legt den Arm um mich
und sitzt am Ufer neben mir
der Fluss, das Leben zieht vorbei
doch nie begriff ich mehr als hier

Mag sein das Dunkel jener Tage
bleibt wie Tücher in mir liegen
der Bahnhof still, mit ihm die Züge
und Steine, die wie Felsen wiegen

Es prägt dein Leben

Es prägt dein Leben steter Fluss
häufig wärst du gern geblieben
in Menschen, Räumen und in Jahren
doch die Zeit hat dich vertrieben

Jung schon, blieb dir zu entscheiden
lockte doch so manches Ziel
du ahntest, wählst du einen Weg
entgeht dir nebenbei soviel

Du bliebst allein für lange Zeit
trotz Einsamkeit, die dich gequält
du fühltest, wenn du Liebe gibst,
dass Freiheit nur die Glut erhält

Gewohnheit schlich sich leise ein
bliebst an Einem schliesslich kleben
du sahst, wie alle Türen schlossen
auf dem Flur dein nacktes leben

Am Ende damit abgefunden
dich in Furcht an ihn gehängt
du spürtest als er von dir ging
wie du ins Abseits abgedrängt

Es prägt dein Leben steter Fluss
zu jedem Ja steht auch ein Nein
es könnte, denkst du immerzu
das Andere, das Leben sein

Ja es könnte
denkst du immerzu
das Andere
das Leben sein

Abhanden

Bin einer deiner dutzend Schirme
kam dir einfach so abhanden
blieb feucht in einer Ecke steh'n
bis mich Lumpensammler fanden

Wie die Spangen für dein Haar
die immerzu in Abfluss gleiten
klemm ich rostend in den Rohren
will den Durchbruch vorbereiten

Bin einer deiner Fingerringe
samt Rüstabfall im Komposthaufen
gär ich duldend vor mich hin
grün das Silber, angelaufen

Wie die vielen Sonnenbrillen
im Strandcafé lässt du sie liegen
verstaub ich unter Gartenbänken
wo schnelle Besen mich nicht kriegen

Dies Jahr

Dies Jahr gleicht
einer steten Glut
statt Morgen, der die Nacht verbannt
versengt in immerwährend Furcht
ein jeglich Tun
und Handeln

Dies Jahr gleicht
einem brachen Feld
und wo früher Tage blühten
kreisen ausgehungert Krähen
hallt in Qual ihr brennend Schrei

Dies Jahr gleicht
einem stillen See
statt Abend, der den Tag bezwingt
ein ewig Brodeln aus dem Tief
die Ahnung
nichts zu wähnen

dies Jahr gleicht
einer kühlen Brise
wo einst Nächte sich erhoben
wiegen ausgeleiert Stimmen
pendeln hin
zum wahren Ton

Und bin mir selber nie begegnet

Ich hab getanzt
in manchem Kreis
schmückte mich
mit fremder Feder
blieb letztlich doch
der Naseweis
und bin mir selber nie begegnet ….

Ich hab geschrien
aus manchem Mund
suchte Glück
in fernem Denken
versumpfte oft
im Untergrund
und konnte mich nie zu mir lenken …

Ich hab geglänzt
in manchem Spiel
golden Tore
hielt ich offen
durch blindes Aug
verkannt mein Ziel
und hab mich selber nie getroffen …

Ich hab gefleht
um manches Ja
von bunten Wellen
gern verführt
doch zu viel
dass ich übersah
und hab mich selber nie gespürt

Das Lied vom Beachten

Es gibt auf Erden manche Lieder
jedes neue scheint zu viel
und doch schreib ich das Meine nieder
- in geborgten Worten, mein Gefühl

Ich will es nicht auf dich beschränken
denn in Enge geht es ein
möcht es vielmehr jenen schenken
die wortlos nach Beachtung schrei'n

Vielleicht der Frau im Nebenhaus
seit Jahren hinter den Gardinen
träumt sie nun tagein, tagaus
von Prinzen, die ihr nie erschienen

Den Lippenstift dick aufgetragen
auf dem Mund, der kaum noch spricht
Augen, die durchs Fenster klagen
ihnen schreib ich mein Gedicht

Schau im Park den alten Mann
trostlos in die Leere starren
er, der nicht verstehen kann
den Sinn hier weiter auszuharren

Der Tod kam seine Frau zu holen
und, in ihr die Welt von ihm
durchzusteh'n scheint ihm befohlen
Ein Ton des Lieds sei ihm gelieh'n

Auch jenes Kind mit grossen Augen
dem leidvoll zu erfahr'n bestimmt,
dass Versprechen gar nichts taugen
und Mitleid nicht den Hunger nimmt

Dass selbst genug nicht allen reicht,
fällt zu glauben wirklich schwer
die Ohnmacht, die mein Herz beschleicht
setzt kläglich sich als Lied zur Wehr

Zu sagen, es war nicht vergebens
selbst, wenn man im Dunkel steht,
mag sein, dies sei ein Teil des Lebens
die Prüfung, vor der jeder steht

Schau ... *(Traum der Seligkeit)*

Schau, ich habe golden Hände,
die spüren, ohne Drang zu halten
von harter Faust bereit zur Wende
zum Kelch, gen Himmel offen

Schau, wie sind die Arme leicht,
sie engen keine Körper mehr,
im Lassen ist das Ziel erreicht,
Nähe, wie sie nie erfühlt

Schau, mein Haupt ist nicht gebeugt,
weil von Erwartung losgesagt,
bleibt nichts, dass Niederlage zeugt
nicht Nachgeburt ins Dunkel

Schau die Augen, wie sie scheinen,
der Blindheit mühevoll entflohn;
Im Sehnen Tag und Nacht sich einen
Ergriffenheit als Linderung

Schau mein Herz sich leise weiten,
voll Liebe, die nichts abverlangt,
nicht tauschen muss und Schmerz bereiten
in Freiheit – ohne Gegenwert

Schau die Finger streicheln weich
Deine nicht mehr junge Haut;
Statt Angst, dass uns die Zeit nicht reicht,
das Wissen um den Wandel

Geier

Verlassen von Dir haben riesige Geier
in mich ihre garstigen Nester gebaut
sie legten, zum Brüten bereit ihre Eier
und haben sich dann in der Tiefe verschanzt

Als Futter der Jungen dient emsigen Alten
der Rest meiner blutlosen Venen
ganz langsam zersetzt, erwart' ich verhalten
den Sommer, in welchem die Flucht sie ersehnen

Erst flügge geworden, so wollen sie zieh'n
und lassen gesäubert die Seele zurück
mit ihnen wird auch meine Schwermut verflieh'n
und Raum entsteh'n für ein andres Geschick

Provence

Es liegen Häuser an den Hängen
wie Staub, der von den Sternen fällt
nicht Berge, die den Blick beengen
kein Eingriff, der das Land entstellt

Es scheint um dich gibt's keine Grenzen
wo du aufhörst, fängst du an
in all den blütenreichen Lenzen,
ziehst du mich in deinen Bann

Dir hat Gott ein Licht gelieh'n
das zu den allerschönsten zählt
in deine Landschaft kann ich flieh'n
bin hier verwurzelt mit der Welt

Lavendelduft getränkter Abend
in lila Büschen träumen wir
auf Schimmeln durch die Weite trabend
so zu enden, wünsch ich mir

Frauen an Säulen

Lichter am Ufer
hängen gelangweilt im Nebel
beleuchten
die sündigen Häuser

Frauen an Säulen
mit Haar rot wie Feuer
und Beinen
zu lang und begehrt

Absätze auf Pflaster
klappern unermüdlich
im Takt
erfrorener Träume

Mann hinter Scheibe
feilscht lüstern, erfahren
den Preis
einer kurzen Stunde

Ich sah Dich
im Sog dieser Strasse
verloren
dein Blick liess mich schweigen

Dort

Dort, wo hungrig, greise Fragen
dem Zwang nach Antwort sich entbinden,
weil sie in sich schon Klarheit tragen
dort, ja dort wirst du mich finden

Dort, wo Herzen Quellen bleiben
des Daseins Trägheit nie empfinden
wie leicht von Ort zu Ort sie treiben
dort, ja dort wirst du mich finden

Dort, wo Berge in sich fallen
den Wunsch vom Ewig überwinden
vom schmerzend Abschied Echo hallen
dort, ja dort wirst du mich finden

Dort wo schwere Lebenslieder
nicht zur Stummheit hin entschwinden
ihr mahnend Klang summt immer wieder
dort, ja dort wirst du mich finden

Dort stand ich die Hand zu reichen
dir, ersehnt gar manche Stunden
ein Wort ein Blick vielleicht ein Zeichen
dort, ja dort hätt'st mich gefunden

Ich wollte etwas Leichtes schreiben

Ich wollte etwas Leichtes schreiben …

Vom lauthalsen
Singen
oder
pulsierendem Glück
oder auch
diesem Mann
mit rehsanftem Blick

Klatschnasse
Körper
und
Tage am Fluss
vielleicht
auch ein wenig
vom heimlichen Kuss

Vom Tanzen
dann auch
und
der blühenden Pracht
kann sein
sogar etwas
von der ersten Nacht

Vom Lachen
vielleicht
und
der Möve am Pier
oder
jenem
der sagte
«ich bleibe bei dir»

Vom Träumen
ganz sicher
und fruchtschweren Zweigen
vielleicht
dann auch etwas
zu unserem Schweigen

Vom Herbst sein
dazu
oder
kühleren Winden
ein Wort
sicher auch
zu seinem Verschwinden

Und ich steh da

Du sagst es graut dir vor dem Leben,
dir fehlt die Kraft noch aufzusteh'n
selbst Menschen, die dir Liebe geben
magst du plötzlich nicht mehr seh'n
du sagst in dir liegt immer Schnee
dein Herz verkeilt in hartem Eis
gar manches tut schon nicht mehr weh
und nur aus Angst wird dir noch heiss

Und ich steh da
gebeugt mein Haupt
möchte widersprechen
dir sagen, dass ich an dich glaub
und deine Zweifel schwächen

Du sagst, du hattest früher Träume
die nunmehr ohne Wichtigkeit
es sei nicht viel, dass man versäume
in diesem Dunkel weit und breit
du sagst du hättest nie verstanden
als Menschen sich so gehen liessen,
sich über Nacht von Pflicht entbanden
und alle Netze von sich wiesen

Und ich steh da
gestützt mein Kinn
möchte Worte finden
für den vielleicht versteckten Sinn
und Tränen, die verschwinden

Du sagst, Du hast den Weg verlor'n
wo du hinsiehst, brennt kein Licht
es sei als steckt in dir ein Dorn
voll Gift, das deinen Willen bricht
du sagst, Du möchtest lieber schweigen
die Leere kennt kein passend Wort,
und dort wo Strassen sich verzweigen
mahnt der Abschied immerfort

Und ich steh da
gesenkt mein Blick
möchte widerlegen
doch kenn ich zugut Dein Geschick
weiss selber nichts dagegen

Weisst Du noch ?

Weisst du noch die Sommernacht
die Kneipe, die uns so gefiel
wie feurig dieser Spanier sang
zu klingendem Gitarrenspiel
Weisst du noch das eine Lied
wir fühlten, es galt uns allein
den siebten Himmel spürten wir
als Wiege im Zusammensein
Weisst Du noch?

Weisst du noch das Stammcafé
die Alte mit dem dicken Hund,
die täglich mächtig aufgeputzt
erschien genau zur Mittagsstund
Weisst du noch das blaue Kleid,
das sie immer sonntags trug
und wie sie dann vorbeigerauscht,
als schwebte sie im Höhenflug
Weisst du noch?

Weisst du noch Lorenas Hund
die Tage als wir ihn zu Gast
wie er mich plötzlich angeknurrt
als ich dir an den Arm gefasst
Weisst du noch das kalte Fleisch
wir hatten Opa eingeladen
der Hund sich in die Küche stahl
uns blieben bloss die Marinaden
Weisst Du noch?

Weisst du, manchmal träume ich
des Nachts ganz wirre Dinge
vom Spanier und der alten Frau
die mit dem Hund im Kreise gehen
Weisst du, manchmal träume ich
des nachts ganz wirre Dinge
von dir und mir im Stammcafé
als wär das Danach nie geschehen

Weisst Du noch die Bank im Park
da, wo wir uns begegnet sind
seit Wochen sahen wir uns an
und einmal flog dein Hut im Wind
Weisst du noch, ich kletterte
auf hohen Zweigen hing dein Hut
als dankbar deine Augen lachten
rauschte ungestüm mein Blut
Weisst Du noch?

Weisst du noch das alte Haus
den Garten offen hin zum Wald
wir träumten wochenlang davon
und dann bereuten wir schon bald
Weisst du noch den Voranschlag,
wir lasen ihn und schluckten leer
wie leise wir die Sachen packten
kurz der Rausch, doch kostenschwer
Weisst Du noch?

Weisst Du noch den Junitag
der Abend, der so drückend war
wie du dich hübsch zurecht gemacht
um auszugeh'n in diese Bar
Weisst du noch die lange Zeit
die Tage, die wir wenig sprachen
wie endlich du zu ihm gezogen
und zwischen uns die Brücken brachen
Weisst du noch?

Weisst Du, manchmal träume ich
des Nachts ganz wirre Dinge
wie Hüte unser Haus bewohnen
und dein Neuer ihnen droht
Weisst du, manchmal träume ich
des Nachts ganz wirre Dinge
von dir und mir allein im Park
die Abendsonne purpurrot

lassen

Was ich heute für dich fühle,
fällt mir zu beschreiben schwer
gern würd' ich es Liebe nennen
wenn nicht dieser Zweifel wär

Ich möcht' dich wie die Blume lieben
deren Anblick mich erfreut
ich lass sie steh'n, erwarte nicht
und bleibe im Begehren scheu

Der Gedanke dich zu brauchen
weil Allein sein Leiden schafft
treibt mich leise in die Enge
raubt der Liebe ihre Kraft

Zu geben, um dann nachzuzählen,
ob was ich nehme gleichviel ist
ein Tauschgeschäft in altem Stil
wo man mit falscher Elle misst

Wenn ich dich nicht mehr haben muss
wie Dinge, die das Leben will
so dich schmerzlos lassen kann
komm ich näher meinem Ziel

Stell ich Fragen nach dem Morgen
im Wissen um das heut nicht mehr
mess Gefühle nicht nach Zeit
fällt der Abschied mir nicht schwer

Erst wenn ich dich lassen kann,
wirst du mir ganz nahe steh'n
wer nicht hat, kann nicht verlier'n
und nie in Ohnmacht untergeh'n

Vielleicht

Vielleicht,
eines Tages
wenn deine Freunde wegsterben
wie Fliegen im Herbst
ihr Name
schwarzumrandet
geht
wirst auch du die Männer nicht mehr mögen,
die von hohen Kosten reden
und sinkender Gefahr

Vielleicht,
eines Tages
wenn deine Freunde vegetier'n
in kahlen,
weissen Hallen
ihr Leid
in Laken eingehüllt
wirst auch du den einen nicht mehr mögen,
der Gummi für verwerflich hält
und sündlos alle Steine wirft

Vielleicht,
eines Tages
wenn deine Freunde losgelöst
im Schmerz und in Vergessenheit
ihr letzter Blick
wie Messer
brennt
wirst auch du sie alle nicht mehr mögen,
die selbsterwählten Böcken folgen
und willig blöken immerzu

Vielleicht,
eines Tages
wenn deine Freunde nur noch Kreuze sind
auf rauh umwehtem Feld
ihr Abgang
tiefe Dellen
schafft
wirst auch du das Leben nicht mehr mögen,
weil die Kraft abhanden kam
Vertrauen sich als Trug erwies

Vielleicht
Eines Tages
Wirst auch Du verstehn ...

Ihr und Ihm *(oder die Tochter geht)*

Ihr

Im Stillen ziehen deine Falten
lange Wege ins Gesicht
die Zeichnung der Vergangenheit:
von Zügen die wohl nie mehr halten
von Kümmernissen und Verzicht

Es sind die aussichtsreichen Kämpfe
die du am Ende doch verloren
das Kind voll Freude lang erwartet
letztlich unter Schmerz geboren

Es sind die bleich und welken Arme
umklammerten den kühlen Mann
und jeder noch so kleine Wunsch
am Ende doch wie Sand zerrann

Es ist der Sommer als der Fremde
dich angefleht mit ihm zu geh'n
zu vieles schien dir, bricht entzwei
bliebst so in deiner Trägheit steh'n

Es ist nicht, dass du viel bereust
nur manchmal fehlte dir der Mut
es blieb dein Leben stete Ebbe
verlacht, dein Sehnen nach der Flut

Es sind die Worte, die dir fehlen
dir sagen, dass du wichtig bist
doch schlimmer noch
die Tochter geht,
sie, die längst kein Kind mehr ist

Ihm

Im Stillen ziehen deine Falten
tiefe Strassen ins Gesicht
die Zeichnung von Vergangenheit
von Zielen, die dir vorenthalten
und Hoffnung, die am Sein zerbricht

Es ist das Haus, das Land, das Boot
wo du dich übernommen hast
den Neubeginn in Übersee
den du am Ende doch verpasst

Es ist das Haar, das lichter wird
erinnert an die neue Zeit
und Jugendträume lichterloh
verbrennen in der Wirklichkeit

Es ist das blonde Abenteuer
das dir einmal so wichtig war
der neue Frühling blieb nicht lang
machte schmerzhaft manches klar

Es ist nicht, dass du rückwärts willst
bei weitem war nicht alles gut
nur, dass dein Wissen nicht mehr zählt
zerrt an deinem Lebensmut

Es sind die Worte, die dir fehlen
dir sagen, dass man dich noch schätzt
doch schlimmer noch
die Tochter geht,
das hat dir mächtig zugesetzt

Vertrauen

Ich wusste schon von Anfang an
dass es so nicht bleiben kann
ich hab immer schon gespürt
du bleibst nicht sehr lange hier

Du solltest nie von Liebe reden
mir Grund zu Illusionen geben
benutze nie das Wort: für immer
das macht alles bloss noch schlimmer

Ja, ich hab immer schon gedacht
dass du dem Glück ein Ende machst
denn heimlich hab ich gut gewusst
dass es so mal enden muss

Sag nie mehr, nur du allein
weil das kann bloss ne Lüge sein
hör doch auf mit deinen Plänen
oder brauchst du meine Tränen?

Und heute krieg ich nun zu hören
ich würde deine Freiheit stören
und wie du zu verstehen gibst
dass du mich nun nicht mehr liebst

Sag doch nicht es tät dir leid
denn zu glauben bin ich nicht bereit
hör doch auf dich rauszureden
ich werd's auch ohne überleben

Wie früher

Wie früher
wieder blind vertrauen können
und ab und zu
in Deinen Augen
einen Schimmer von Ewigkeit entdecken

Wie früher
nicht zweifeln, dass es weitergeht
und hin und wieder
in Deinen Armen
mich nach Vollkommenheit zu sehnen

Wie früher
spüren, wie das Leben kitzelt
und von Zeit zu Zeit
in Deinem Herzen
mich zuhause fühlen zu dürfen

Und nicht
von Sehnsucht zerfressen
abends ziellos
durch dunkle Strassen zieh'n
nur um irgend jemands
Augen zu sehn
seine Arme zu spüren
und sein Herz zu ertasten

Du warst nicht mehr, als...

Du warst nicht mehr,
als eine Brücke
auf meinem Weg,
die mir über einen tosenden Fluss verhalf

Du warst nicht mehr,
als eine Laterne
auf meinem Weg,
die mir für kurze Zeit Licht gab

Du warst nicht mehr,
als eine Blume
auf meinem Weg
deren Anblick mich im Nu erfreute

Du warst nicht mehr,
als eine Klette
auf meinem Weg
die sich für einen Augenblick an mir verfing

Du warst nicht mehr,
als ein Sumpf
an meinem Weg
in welchen ich gestürzt, mich nicht mehr retten konnte

Antwort auf einen Brief

Draussen,
die Bäume scheinen mir geduldiger
denn je
anfangs Dezember
diese Ruhe, dieser Friede
tut unendlich gut

Ist da auch
diese Leere, weil wir uns fremd
geworden
und glauben
nichts mehr
gemeinsam zu haben

Und doch
habe ich mich nie
gewehrt
gegen diese Trennung,
weil sie eben
von Anfang an dazugehörte
und ich jetzt wieder Zeit habe

Zeit,
für mein eigenes Ich
und dessen
Gedanken,
und ich spüre auch
diese Ruhe in mir
anfangs Dezember
und die Bäume
haben endlich wieder
die Fähigkeit
mehr zu sein
als eben Bäume

Verrechnet

Habe bloss versucht   Dein Leben

                                        +   Mein Leben

                                  ----

auf denselben NENNER zu bringen

und schon haben wir den BRUCH

Kind der Liebe *(Mutterbild I)*

Gezeugt worden im Februar 64
    im Rausch
    und der ständigen Angst
    entdeckt zu werden
    Illusionen von Liebe beflügeln sie
    und er in Gedanken
    bereits bei der Nächsten
    für Vorsicht keine Zeit

Getragen worden lange Monate
    Angst vor Demut
    damals war's schwer
    weggeben, wegmachen
    sie stellt sich die Frage
    und er in seiner Gier
    hat eine Andre gefunden
    für Hoffnung kein Platz

Vergeben worden im Herbst 64
    die Ahnung
    es ging noch mal gut so
    in ihr bleibt zurück
    ein Schatten von Schuld
    doch er hat vergessen was war
    in meinem ersten Februar
    zur Besinnung keine Lust

Harlekin

Komm tanze kleiner Harlekin
und wirf uns alles Schwere hin
zeig Dein Sonnenscheingesicht
dein wahres Ich gefällt uns nicht

Deine Tränen sollen rückwärtsfliessen
die Sorgen sich in dir verschliessen
komm zeig uns was wir sehen wollen
und spiele tapfer deine Rollen

Hör auf Ängste uns zu pflanzen
du bist Harlekin und hast zu tanzen
komm und lach dich selber aus
für Schweiger gibt es kein Applaus

Drum tanz ich kleiner Harlekin
und werfe alles Schwere hin
zeig mein Sonnenscheingesicht
mein wahres Ich, Ihr wollt es nicht

Hineni   (Hommage à L. Cohen)

Der Tod ist bei mir eingezogen
wohnt im Zimmer nebenan;
Geduldig wartend auf den Tag
bis endlich er mich greifen kann

Der Tod beschattet mich im Haus
geht stets drei Schritte hinter mir;
Belauert mich und starrt mich an
an jedem Fenster, jeder Tür

Hineni,
Hineni
bedeutet bereit sein
entgegenzunehmen
was dir auch gegeben

Der Tod sitzt nun am Tisch bei mir
kaut ganz leise vor sich hin;
Ich weiss, er wird sich erst erheben
wenn ich zum Aufbruch fähig bin

Der Tod schläft nachts an meiner Seite
legt seine Arme sanft um mich;
Nichts und keiner wird ihn hindern
mich zu leiten in das Licht

Hineni,
Hineni
bedeutet sich öffnen
den Pfaden des Abschieds
wie sie dir beschieden

Gut möglich

Gut möglich,
dass der,
der Wahrheit spricht
mehr täuscht
als der Blendende

Gut möglich,
dass der,
der weint
mehr Kraft hat
als der Tröstende

Gut möglich,
dass der,
der verlässt
mehr Liebe fühlt
als der Verlassene

Gut möglich,
dass der
der zurückbleibt
mehr Tode stirbt
als der Gestorbene

Gut möglich.

Dementia

Nimm mich mit
in deine Welt
wo bunte Schwäne
Walzer tanzen
an Stränden
der Vergessenheit

Nimm meine Hand
ich führe dich
an Küsten die
vom Wind gemalt
in Zeiten
der Verlorenheit

Ich kann durch deine Augen seh'n
die Farben deines Lebens
Ich kann in deinen Schuhen geh'n
auf Pfaden des Erinnerns

Komm tanz mit mir
ich leite dich
zu Klängen
einer Sommernacht
im Wissen
um Zerbrechlichkeit

Komm sprich zu mir
ich höre zu
den Worten
deiner Lebenswelt
im Ringen
um Verständlichkeit

Ich kann durch deine Augen seh'n
die Lichter deiner Tage
Ich kann in deinen Schuhen geh'n
die Wege der Verzweiflung